LUD[...]N

tuet, Covostimmen, Chor und Or[...] 555

D minor/d-Moll/Ré mineur
Op. 125

Edited by/Herausgegeben von
Max Unger

Ernst Eulenburg Ltd
London · Mainz · New York · Paris · Tokyo · Zürich

CONTENTS/INHALT

Coventry University

Preface © 1987 Ernst Eulenburg Ltd

Ernst Eulenburg Ltd
48 Great Marlborough Street
London W1V 2BN

BEETHOVEN'S SYMPHONIC PRODUCTION: COMPOSITION, PERFORMANCE, PUBLICATION
BEETHOVENS SINFONISCHES WERK: DATEN DER ENTSTEHUNG, URAUFFÜHRUNG, VERÖFFENTLICHUNG

	Title and key/Titel und Tonart	(Preliminary) principal dates of composition/(Entwürfe) Haupt-Kompositionsdaten	First performance (all in Vienna)/Uraufführung (alle in Wien)	First edition/Erstausgabe	Dedication/Widmung
Hess 298	*sinfonia*, C minor/Moll (sketches/Skizzen)	? late 1780s/späte 1780er	—	—	—
—	*symphony*, C	c.1795–1797	—	—	—
op.21	Symphony no.1, C	1799–1800	Burgtheater, 2 April 1800	Hoffmeister, Vienna/Wien, December 1801	Baron/Freiher Gottfried van Swieten
op.36	Symphony no.2, D	1801–1802	Theater an der Wien, 5 April 1803	Bureau of Arts and Industry, Vienna/Kunst- und Industrie-Kontor, Wien, March/März 1804	Prince/Fürst Carl von Lichnowsky
op.55	Symphony no.3, Eb (*Sinfonia eroica*)	1803–1804	Theater an der Wien, 7 April 1805	Bureau of Arts and Industry, Vienna/Kunst- und Industrie-Kontor, Wien, October 1806	Prince/Fürst Franz Joseph von Lobkowitz
op.60	Symphony no.4, Bb	1806	Lobkowitz Palace/Palais Lobkowitz, 7 March 1807	Bureau of Arts and Industry, Vienna/Kunst- und Industrie-Kontor, Wien, 1808	Count/Graf Franz von Oppersdorff
op.67	Symphony no.5, C minor/Moll	(1804–1805) 1807–1808	Theater an der Wien, 22 December 1808	Breitkopf & Härtel, Leipzig, March/März 1809	Prince/Fürst Lobkowitz and/und Count/Graf Andreas von Rasumovsky
op.68	Symphony no.6, F (*Sinfonia pastorale*)	(1807) 1808	Theater an der Wien, 22 December 1808	Breitkopf & Härtel, Leipzig, May 1809	Prince/Fürst Lobkowitz and/und Count/Graf Rasumovsky
op.92	Symphony no.7, A	1811–1812	Great Hall of the University/Universitäts-Aula, 8 December 1813	Steiner, Vienna/Wien November 1816	Count/Graf Moritz von Fries
op.93	Symphony no.8, F	1812	Großer Redoutensaal, 27 February 1814	Steiner, Vienna/Wien 1817	—
op.125	Symphony no.9 D minor/Moll ("Choral")	(1812–1822) 1823–1824	Kärntnertortheater, 7 May 1824	Schott, Mainz, August 1826	King/König Friedrich Wilhelm of Prussia/von Preußen

PREFACE/VORWORT

Despite the well-known tradition in Beethoven criticism of assigning the composer's works to one of three creative periods, the nine symphonies are perhaps best divided into four groups. The First and Second were written during the time that conventionally marks the transition between the early and middle period. The next four belong to what may be described as the 'heroic phase',[1] which begins in 1803 and is marked by a prodigious output of highly original works on a grand scale. The Seventh and Eighth, which mark the end of the middle period, show a certain retreat from the bold directions taken in the first six works. The Ninth is Beethoven's only symphony of the last fifteen years of his life; and its unusual structure and unprecedented large performing forces place it in a category of its own.

In fact, Symphonies 1 and 2 look back to eighteenth-century Viennese classicism more than they foreshadow their composer's path-breaking achievements in the genre; the Second, in particular, enjoys a close kinship with Mozart's 'Prague' Symphony (K504) of 1786, a work with which it shares tonality, mood, and the shape of the slow introduction to the first movement. The *Eroica* was begun immediately after the Second, but

Obwohl nunmehr traditionell Beethovens Schaffen in drei Perioden eingeteilt wird, ist es wahrscheinlich treffender, die neun Sinfonien in vier Gruppen zu untergliedern. Die erste und zweite Sinfonie entstanden zu einer Zeit, die nach allgemeiner Einschätzung den Übergang zwischen früher und mittlerer Periode darstellt. Die folgenden vier kann man einer „heroischen Phase"[1] zuordnen, die sich, 1803 beginnend, durch eine beachtliche Produktion von in höchstem Maße originären Werken großen Umfangs auszeichnet. Die „Siebte" und „Achte" als Abschluß der mittleren Periode lassen einen gewissen Rückzug von den kühnen Wegen erkennen, die er in den ersten sechs Werken dieser Gattung eingeschlagen hatte. Die „Neunte" ist Beethovens einzige Sinfonie der letzten 15 Lebensjahre; ihre außergewöhnliche Gesamtform und nie vorher dagewesene Aufführungsdauer machen sie zu einem Sonderfall.

Die Sinfonien 1 und 2 sind in der Tat eher eine Rückschau auf die Wiener Klassik des 18. Jahrhunderts, als daß sie die bahnbrechenden Errungenschaften des Komponisten in der Gattung erkennen ließen: besonders die „Zweite" zeigt eine enge Verwandtschaft mit Mozarts „Prager" Sinfonie KV 504 aus dem Jahre 1786, mit der sie Tonart, Grundstimmung und das Vorhandensein einer langsamen Einleitung zum I. Satz gemein

---

[1] The expression was coined by Alan Tyson (in his essay 'Beethoven's Heroic Phase', *The Musical Times*, CX (1969), pp. 139–41) in connection with the years 1803–5, which saw the composition of the *Eroica*, the oratorio *Christus am Ölberge* ('The Mount of Olives'), and the opera *Leonore*; but the period may be extended to include the major instrumental works that followed in their wake

[1] Der Ausdruck wurde geprägt von Alan Tyson in seinem Essay „Beethoven's Heroic Phase", in: *The Musical Times*, CX (1969), S. 139–141, mit Bezug auf die Jahre 1803–05, während derer die „Eroica", das Oratorium *Christus am Ölberg* op. 85, und die Oper *Leonore* komponiert wurden. Doch kann man diese Schaffensperiode ebenso erweitern und die in den folgenden Jahren entstandenen instrumentalen Hauptwerke einbeziehen.

under profoundly different personal circumstances for its composer: it is the first work in which he came to terms with his increasing deafness by going far beyond the limits of musical convention. The next symphony Beethoven began composing, in C minor (the Fifth), took the genre a stage further by its concern for overall planning, its four contrasting movements being 'unified' by the presence – at different levels – of the parallel tonality of C major. In the *Sinfonia pastorale* (the Sixth) he solved the problem of large-scale organisation in other ways, by joining the last three movements to one another and by drawing a dynamic curve across the entire work.

Beethoven's progress as a symphonist did not pursue a single path, or a straight line, as seems to have been the case in the string quartets. The Fourth Symphony, which was composed quickly in the summer of 1806 and represents something of a return to classical principles (the orchestral forces required for it are the smallest for a Beethoven symphony), may have been released before the Fifth on account of unfavourable reactions to the *Eroica* after its first performance in 1805. It is more likely that memories of the artistic failure of the first concert featuring the Fifth and Sixth Symphonies prompted the composer to write a pair of musically lighter works, or at least cooler ones, in 1811–12; more than the Fourth Symphony, the Eighth marks a return to eighteenth-century symphonic dimensions.

hat. Die ,,Eroica'' wurde unmittelbar nach der ,,Zweiten'' in Angriff genommen, jedoch unter grundsätzlich veränderten persönlichen Umständen für den Komponisten: sie war sein erstes Werk, worin er sich mit seiner fortschreitenden Ertaubung arrangierte, indem er die Grenzen der musikalischen Konvention weit hinter sich ließ. Die nächste Sinfonie, die Beethoven zu komponieren begann, stand in c-Moll (die spätere ,,Fünfte'') und war in Anbetracht der satzübergreifenden Anlage, deren vier kontrastierende Sätze durch die differenzierte Präsenz der gleichnamigen Durtonart C-Dur miteinander verklammert werden, ein großer Schritt in der Weiterentwicklung der Gattung. In der ,,Sechsten'', der *Sinfonia pastorale*, kam Beethoven hinsichtlich der großformatigen Gliederung zu einer ganz anderen Lösung, indem er einerseits die letzten drei Sätze miteinander verband und andererseits das gesamte Werk mit einem wirksamen Gestaltungsbogen überzog.

Beethovens Fortgang als Sinfoniker läßt sich nicht als Einbahnstraße oder als gerade Linie verfolgen, wie es sich für das Streichquartettschaffen anbietet. Die vierte Sinfonie, im Sommer 1806 schnell hingeworfen, scheint zu den Ursprüngen der Klassik zurückzukehren – so ist beispielsweise die Orchesterbesetzung von allen Beethoven-Sinfonien die kleinste – und hat vermutlich aufgrund der mehr als zurückhaltenden Reaktion auf die Uraufführung der ,,Eroica'' (1805) vor ihr den Vorzug der früheren öffentlichen Präsentation erhalten. Noch wahrscheinlicher ist die Annahme, Beethoven habe in Anbetracht des künstlerischen Mißerfolgs der Erstaufführung von fünfter und sechster Sinfonie sich dazu veranlaßt gesehen, in den Jahren 1811/12 ein Paar von musikalisch unbeschwerteren oder gar zurückhaltenderen Werken zu komponieren; mehr noch als die ,,Vierte''

With the Ninth, of course, Beethoven resumed his pioneering role as a symphonist, combining a supreme command of sonata structures and orchestral technique with masterly control of the additional forces of chorus and solo voices to shape a type of composition hitherto unknown in serious concert music. This fusion of symphony and oratorio was by no means quickly realized. The intention to write a symphony in D minor was first expressed during the composition of the Eighth; the theme of the Scherzo was first sketched a few years later in 1815; the first sketchleaf entry describing a symphony with chorus dates from 1818.[2] By the time the Ninth was completed twelve years had elapsed since the previous symphonies; only the composition of a still more innovatory set of works, the late string quartets, remained to be achieved.

Towards the end of his life Beethoven expressed the desire to write one more symphony. Two of his companions from the late years, Anton Schindler and Karl Holz, claimed that large sections of a 'Tenth Symphony' had been sketched and that the work was complete in the composer's mind; but from the evidence of the surviving manuscripts, it appears that little, if any, progress was made on

kehrt schließlich die achte Sinfonie zu der üblichen Ausdehnung einer Sinfonie des 18. Jahrhunderts zurück.

Mit der neunten Sinfonie hatte Beethoven natürlich die Rolle als sinfonischer Vorkämpfer für sich zurückgewonnen, indem er den höchsten Anspruch an Sonatenhauptsatzform und orchestrale Mittel mit meisterhafter Beherrschung des Potentials von Chor und Solostimmen verband und so einen Kompositionstyp schuf, der bis dahin in der ernsten konzertanten Musik ohnegleichen war. Diese Verquickung von Sinfonie und Oratorium war indes von langer Hand vorbereitet. Erste Anzeichen zur Komposition einer d-Moll-Sinfonie gab es zur Zeit der Niederschrift der „Achten"; das Thema des Scherzos in seiner ursprünglichen Gestalt wurde 1815, wenige Jahre später, skizziert; das erste Skizzenblatt, das den Hinweis auf eine Sinfonie mit Chor enthält, datiert von 1818[2]. Bis zur Vollendung der „Neunten" waren seit den vorangegangenen Sinfonien zwölf Jahre verstrichen, und lediglich eine noch umwälzendere Reihe von Werken harrte ihrer Vollendung: die späten Streichquartette.

Gegen Ende seines Lebens äußerte Beethoven sein Streben nach der Komposition einer weiteren Sinfonie. Zwei seiner Wegbegleiter in den letzten Jahren, Anton Schindler und Karl Holz, stellten die Behauptung auf, daß weite Teile einer 10. Sinfonie in Skizzen existierten und daß das Werk im Kopf des Komponisten vollständig entworfen worden wäre. Jedoch erscheinen die überlieferten Skizzen vergleichsweise unbedeutend, da sie zu geringe, wenn überhaupt irgendwelche, Fortschritte zur Vollen-

---

[2] For a full account of the early plans for Beethoven's last symphony, see Sieghard Brandenburg, 'Die Skizzen zur Neunten Symphonie', *Zu Beethoven 2*, ed. H. Goldschmidt, Berlin 1984, pp. 88–129

[2] hinsichtlich einer vollständigen Darstellung der frühen Pläne zu Beethovens letzter Sinfonie vgl. Sieghard Brandenburg, „Die Skizzen zur Neunten Symphonie", in: *Zu Beethoven 2*, hg. v. Harry Goldschmidt, Berlin 1984, S. 88–129

a new work in the genre.[3]

From the point of view of performance and early reception, it is not the year 1803, but 1807 that marks the dividing line in Beethoven's symphonic output. The first four symphonies were originally intended more for private consumption, being written for and dedicated to their patrons and played mainly in aristocratic circles. The last five symphonies were written specifically for public concerts. The Fifth and Sixth, composed in 1807–8, were heard for the first time in December 1808; the Seventh and Eighth (also composed in rapid succession) at a series of concerts in the winter of 1813–14. For each pair of works, Beethoven composed – nearer the date of the concerts – an occasional piece that would provide a fitting end to a musically arduous programme; the Choral Fantasy in 1808, the 'Battle Symphony' *(Wellingtons Sieg)* in 1813. When the Ninth Symphony was first performed in May 1824, in a programme that included other Viennese Beethoven premières, its own finale provided the rousing conclusion to the concert.

Aus der Sicht von Aufführung und früher Rezeption markiert nicht das Jahr 1803, sondern 1807 die Trennlinie in Beethovens Schaffen. Die ersten vier Sinfonien waren eigentlich mehr für den privaten Gebrauch bestimmt: für ihre Förderer geschrieben, ihnen gewidmet und vornehmlich in aristokratischen Kreisen aufgeführt. Demgegenüber sollten die letzten fünf Sinfonien ausdrücklich dem breiten Publikum vorgestellt werden. Die 1807/08 komponierten 5. und 6. Sinfonie erlebten ihre Uraufführung im Dezember 1808, die in ebenfalls rascher unmittelbarer Aufeinanderfolgeniedergeschriebene siebente und achte in einer Folge von Konzerten während des Winters 1813/14. Als Ergänzung zu jedem Werkpaar komponierte Beethoven kurz vor der Aufführung ein Gelegenheitswerk, das ein musikalisch anspruchsvolles Programm zu einem quasi versöhnlichen Ende führen sollte: 1808 war es die *Chorfantasie* op. 80, 1813 die „Schlacht- und Siegessinfonie" (*Wellingtons Sieg oder die Schlacht bei Vittoria*) op. 91. Im Mai 1824, als die Neunte Sinfonie neben anderen Wiener Uraufführungen von Werken Beethovens dem Publikum vorgestellt wurde, war es ihr eigenes Finale, das den krönenden Abschluß der Veranstaltung darstellte.

SYMPHONY No. 9

The history of the Ninth Symphony is commonly said to have begun in 1793, when Bartholomäus Ludwig Fischenich, a friend and disciple of the poet Friedrich Schiller, wrote to Schiller's wife with the

SINFONIE Nr. 9

Im Zusammenhang mit der Neunten Sinfonie ist allgemein die Rede davon, daß ihre Entstehungsgeschichte ins Jahr 1793 zurückreiche. Zu diesem Zeitpunkt notierte Ludwig Fischenich, ein Jünger und

---

[3] The problems of the 'Tenth' are summarized and discussed by Robert Winter in an essay (in English) entitled 'Noch einmal: wo sind Beethovens Skizzen zur Zehnten Symphonie?', in *Beethoven-Jahrbuch*, X (1977), pp. 531–2

[3] Die Problematik der „Zehnten" ist aufgeführt und zusammengefaßt von Robert Winter in einem in englischer Sprache verfaßten und mit „Noch einmal: wo sind Beethovens Skizzen zur Zehnten Symphonie?" betitelten Aufsatz, in *Beethoven-Jahrbuch* X (1977), S. 531–552.

VIII

news that the young Beethoven 'proposes [. . .] to set Schiller's "Freude", and indeed strophe by strophe'.[4] But only a handful of sketches for a verse from the 'Ode to Joy' (*An die Freude*) are found in an early sketchbook, one that dates from the year 1798–9; and there is no way in which they can be connected with a symphonic project.[5] Nevertheless, the genesis of Beethoven's last symphony was a long process, interrupted many times by the composition of other works.

Though the Ninth Symphony was not completed until 1824, three years before the composer's death, the idea of a symphony in D minor materialized during work on the Seventh and Eighth, as the last of a set of three symphonies. In sketchbooks dating from 1811 and 1812, Beethoven made some notations for a setting of the 'Ode to Joy', and in a letter of 1 June 1812, he wrote to Breitkopf & Härtel: 'I am writing three new symphonies, one of which is already completed.' Yet despite two remarks found among the sketches for the Seventh and Eighth, '2te Sinfonie D moll' and 'Sinfonia in D moll – 3te Sinf.',[6] no actual musical ideas firmly associated with a D minor symphony were to appear for several years. The 'Scheide' Sketchbook of 1815–16

[4] The text of the relevant passage from Fischenich's letter is given in A.W. Thayer, *Thayer's Life of Beethoven*, rev. and ed. Elliot Forbes, Princeton 1964, pp.120–1

[5] A transcription of two of these is given by Robert Winter in 'The Sketches for the "Ode to Joy"', *Beethoven, Performers, Critics*, ed. R. Winter and B. Carr, Detroit 1980, pp.176–214, especially pp.177–8. See also Maynard Solomon, 'Beethoven and Schiller', ibid., pp.162–75.

[6] Gustav Nottebohm, 'Skizzen zur 7. und 8. Symphonie', *Zweite Beethoveniana*, Leipzig 1887, pp.101–18, especially p.111

Freund des Dichters Friedrich Schiller, an dessen Gattin, daß der junge Beethoven sich neuerdings mit dem Gedanken trage, ,,Schillers ,Freude', und zwar jede Strophe [zu] bearbeiten"[4]. Hingegen stößt man in einem frühen Skizzenbuch aus den Jahren 1798/99 auf nicht mehr als eine Handvoll Entwürfe zu einem Vers aus der Ode *An die Freude*. Auch gibt es keinerlei Hinweise auf Bezüge zu einem Sinfonieprojekt.[5] Dennoch war Beethovens letzte Sinfonie das Ergebnis eines lange andauernden Prozesses, der viele Male von der Komposition anderer Werke unterbrochen wurde.

Erst 1824, drei Jahre vor dem Tod des Komponisten, war die Neunte Sinfonie fertiggestellt. Doch nahm die Idee zu einer Sinfonie in d-Moll als letzter einer Folge von drei Sinfonien schon während der Arbeit an der Siebten und Achten Sinfonie Gestalt an. In Skizzenbücher von 1811 und 1812 schrieb Beethoven eine Anzahl von Notizen zur Vertonung der Ode *An die Freude* nieder, und in einem Brief vom 1. Juni 1812 teilte er Breitkopf & Härtel mit: ,,Ich schreibe 3 neue Sinfonien, wovon eine bereits vollendet." Zwar lauteten zwei Anmerkungen in den Skizzen zur Achten und Neunten Sinfonie ,,2te Sinfonie D moll" und ,,Sinfonia in D moll – 3te Sinf."[6], doch sollten für die Dauer einiger Jahre keine tatsächlich mit einer d-Moll-Sin-

[4] Der genaue Wortlaut der betreffenden Passage aus Fischenichs Brief ist wiedergegeben in A. W. Thayer-Deiters-Riemann, *Ludwig van Beethovens Leben*, deutsch bearbeitet von Hermann Deiters, neu ergänzt von Hugo Riemann, I, Leipzig ³1917, S. 303.

[5] Eine Übertragung von zweien dieser Entwürfe ist veröffentlicht worden von Robert Winter in ,,The Sketches for the ,Ode to Joy'", *Beethoven, Performers, Critics*, hg. v. R. Winter und B. Carr, Detroit 1980, S. 176–214, besonders S. 177f. Vgl. auch Maynard Solomon, *Beethoven and Schiller*, ibid. S. 162–175.

[6] Gustav Nottebohm, *Skizzen zur 7. und 8. Symphonie*, Zweite Beethoveniana, Leipzig 1887, S. 101–118, besonders S. 111.

bears the first important thematic reference to the work:[7]

fonie in engen Zusammenhang zu bringende musikalische Gedanken mehr aufscheinen. Das „Scheide"-Skizzenbuch von 1815/16 enthält den ersten wichtigen thematischen Bezug auf das Werk[7]:

Fuge

Ende langsam

But as Sieghard Brandenburg has shown, there are other fragmentary notations in the sketchbook which may plausibly be designated as efforts to shape thematic material for the symphony.

Work on the symphony began to intensify in 1817, probably in response to an invitation from the Philharmonic Society of London to visit England and to compose two symphonies for the Society. The main theme of the first movement received a near-definitive formulation that year, and some substantial work on the first two movements took place during and after the sketching of the 'Hammerklavier' Sonata op.106 in 1818.[8] Also from 1818 is the often quoted remark on a single sketchleaf, which shows Beethoven thinking about two symphonies, as well as formulating a plan for the inclusion of a chorus in one of them:[9]

Wie Sieghard Brandenburg allerdings aufgezeigt hat, erscheinen andere bruchstückhafte Notizen im Skizzenbuch, die unter Umständen im Zusammenhang mit einer Materialsammlung für die Sinfonie niedergeschrieben wurden.

Im Jahre 1817 nahm die Arbeit an der Sinfonie an Intensität allmählich zu. Möglicherweise war das die Folge einer Einladung seitens der Londoner Philharmonic Society, nach England zu kommen und für die Gesellschaft zwei Sinfonien zu komponieren. Das Hauptthema des ersten Satzes hatte in diesem Jahr beinahe seine endgültige Gestalt angenommen; weitere grundlegende Arbeiten wurden während und nach der Skizzierung der „Hammerklavier"- Sonate op. 106 im Jahre 1818 durchgeführt[8]. Aus demselben Jahr stammt die vielzitierte Anmerkung, die sich unter den Skizzen auf einem Einzelblatt findet, und nachweist, daß Beethoven zwei Sinfonien im Sinne hatte und auch dabei war, einen Entwurf auszuarbeiten, der in einer von beiden den Einsatz eines Chores vorsah[9]:

'Adagio cantique. Pious song in a symphony in the old church modes – Lord God, we praise Thee – Alleluia – either

„Adagio cantique. Frommer Gesang in einer Sinfonie in den alten Tonarten – Herr Gott, dich loben wir – alleluja –

[7] This sketch was transcribed by Nottebohm in the first of a series of articles for the *Musikalisches Wochenblatt* in 1876, which were reissued posthumously as 'Skizzen zur neunten Symphonie' in *Zweite Beethoveniana*, pp.157–92
[8] Brandenburg, op. cit., pp.101–3
[9] First transcribed by Nottebohm (see *Zweite Beethoveniana*, p.163)

[7] Nottebohm transkribierte diese Skizze im ersten einer Reihe von Aufsätzen im *Musikalischen Wochenblatt* 1876, die posthum als *Skizzen zur neunten Symphonie* in *Zweite Beethoveniana*, S. 157–192, wiederveröffentlicht wurde.
[8] Brandenburg, op. cit., S. 101–103.
[9] Zuerst übertragen von Nottebohm (s. *Zweite Beethoveniana*, S. 163).

by itself or as an introduction to a fugue. Perhaps the entire second symphony might be characterized in this way, whereby the voices would enter in the last movement or even in the Adagio. The orchestral violins etc. are increased tenfold in the last movement. Or some sort of repeat of the Adagio would be incorporated into the last movement, whereby the vocal parts would only enter gradually. The text of the Adagio would be taken from Greek mythology: a cantique ecclesiastique. In the Allegro, a celebration of Bacchus.'

During the next four years Beethoven's creative spirit found renewed energy, and he set to work vigorously on several large-scale projects: the *Missa Solemnis*, the Diabelli Variations, and the last three piano sonatas (opp.109–11). Further impetus to return to the symphony came again from England, in November 1822, in the form of an offer of 50 pounds sterling for a new work. And by the end of 1822 a clearer picture of the work was emerging, as the following five-movement plan shows:[10]

entweder für sich allein oder als Einleitung in eine Fuge. Vielleicht auf diese Weise die ganze 2te Sinfonie charakterisiert, wo alsdann im letzten Stück oder schon im Adagio die Singstimmen eintreten. Die Orchester-Violinen etc. werden beim letzten Stück verzehnfacht. Oder das Adagio wird auf gewisse Weise im letzten Stück wiederholt, wobei alsdann erst die Singstimmen nach und nach eintreten – im Adagio Text griechischer Mythos, Cantique Ecclesiastique – im Allegro Feier des Bacchus.''

Im Verlauf der folgenden vier Jahre gewann Beethoven neue schöpferische Energien zurück, so daß er mit Hochdruck eine Reihe großangelegter Werke ausarbeitete: die *Missa solemnis*, die Diabelli-Variationen und die letzten drei Klaviersonaten op. 109–111. Ein weiterer Anstoß, sich die Sinfonie erneut vorzunehmen, ging im November 1822 wiederum von England aus, von wo ein Angebot über 50 Pfund Sterling für ein neues Werk erging. So schälte sich gegen Ende des Jahres 1822 ein klarer umrissenes Bild der Sinfonie heraus, wie es die nachstehende fünfsätzige Anlage verdeutlicht[10]:

The surrounding sketches show further that the *adagio* would have had an A-B-A form, with an agitated middle section. (The thematic kinship between the slow movements of the symphony and the *Sonate pathétique* of 1799, which has

Aus den Skizzen in der Nachbarschaft geht desweiteren hervor, daß das *Adagio* in A-B-A-Form mit einem lebhaften Mittelteil angelegt sein würde. (Die häufig konstatierte thematische Verwandtschaft zwischen den langsamen

[10] Transcribed from p.123 of mus.ms.autogr. Beethoven Artaria 201, a sketchbook in the Staatsbibliothek Preussischer Kulturbesitz, Berlin

[10] Übertragen von S. 123 des mus. ms. autogr. Beethoven Artaria 201, einem Skizzenbuch, das in der Staatsbibliothek Preußischer Kulturbesitz aufbewahrt wird.

often been noted, was even more pronounced at this stage.)

With the completion of the Mass early in 1823, and the Diabelli Variations by the spring of that year, Beethoven was able to work virtually without interruption on the Ninth Symphony. During this time, the familiar four-movement plan was worked out, though the composer seems to have steadily harboured doubts about the practicality of a finale with voices throughout the sketching and drafting. The famous entry for a 'finale instromentale' recorded by Nottebohm:[11]

Sätzen der Sinfonie und der *Sonate pathétique* von 1799 war in diesem Stadium noch ausgeprägter.)

Die Messe hatte Beethoven Anfang 1823, die Diabelli-Variationen etwa im Frühling desselben Jahres vollendet, und so hatte er im Grunde Zeit nur für die Neunte Sinfonie. In diesem Zeitabschnitt kam der bekannte Plan zu einem viersätzigen Werk wieder zum Vorschein, wenn der Komponist auch durch alle Phasen der Skizzen und Entwürfe hindurch anscheinend ständige Zweifel hegte, ob ein Finale mit Beteiligung von Stimmen durchführbar wäre. Der von Nottebohm überlieferte berühmte „finale instromentale"-Eintrag[11]

Finale instromentale

is only one of many sketches from the winter of 1823/4 that employ this theme,[12] which was ultimately refashioned for the finale of the String Quartet in A minor, op.132.

The first performance of the symphony took place on 7 May 1824 and was a resounding artistic success. Several witnesses recall how Beethoven stood turning the pages of his score after the music had stopped, oblivious to the tumultuous

stellt nur eine von vielen Skizzen aus dem Winter 1823/24 dar, die dieses Thema verwenden[12]. Es wurde letztendlich für das Finale des Streichquartettes in a-Moll op. 132 umgeformt.

Die Erstaufführung der Sinfonie am 7. Mai 1824 war ein künstlerischer Erfolg von großem Widerhall. Verschiedene Zeugnisse berichten, wie Beethoven noch die Seiten seiner Partitur gewendet habe, als die Musik schon verklungen war, unge-

[11] *Zweite Beethoveniana*, pp.180–1
[12] Brandenburg, op.cit., pp.128–9

[11] *Zweite Beethoveniana*, S. 180f.
[12] Brandenburg, op. cit., S. 128f.

applause (there were demands for a repetition of the Scherzo) until turned round by the contralto soloist Karoline Unger to face the audience. Further performances were given in Vienna later that month, and in London and Aachen the following year (for which extra copies of the score were prepared).

The Ninth Symphony was first offered to H.A. Probst of Leipzig in February 1824, and a month later to B. Schott's Söhne in Mainz, who published the score and parts in August 1826. The metronome marks were sent to the publisher in October of that year.

William Drabkin

achtet des tumultartigen Applauses, mit dem die Wiederholung des Scherzos gefordert wurde; die Alt-Solistin Karoline Unger schließlich habe ihn herumgedreht und ihn dem Publikum gegenübergestellt. Später im selben Monat fanden weitere Aufführungen in Wien statt, ein Jahr darauf in London und in Aachen (zu diesem Zweck wurden eigens Abschriften der Partitur angefertigt).

Nachdem Beethoven sich zunächst an H. A. Probst in Leipzig gewandt hatte, bot er die Neunte Sinfonie einen Monat später B. Schott's Söhnen in Mainz an, die sowohl Partitur als auch Stimmen im August 1826 herausbrachten. Die Metronomangaben wurden dem Verlag im Oktober desselben Jahres übermittelt.

William Drabkin
Übersetzung Norbert Henning

Orchestration/Orchesterbesetzung

Piccolo

Flauto 1,2

Oboe 1,2

Clarinetto 1,2

Fagotto 1,2

Contrafagotto

Corno 1–4

Tromba 1,2

Trombone 1–3

Timpani

Percussione

Violino I,II

Viola

Violoncello

Contrabasso

SYMPHONY No.9

I

Ludwig van Beethoven
(1770–1827)
Op.125

Allegro, ma non troppo, un poco maestoso (♩=88)

2 Flauti

2 Oboi

2 Clarinetti in B

2 Fagotti

I. II in D
4 Corni
III. IV in B basso

2 Trombe in D

Timpani in D-A

Violino I

Violino II

Viola

Violoncello

Contrabasso

No. 411   EE 3611   Ernst Eulenburg Ltd

E.E. 3611

1st Subject

20

3

E.E.3611

E.E.3611

E.E.3611

80

SECOND SUBJECT

E.E. 3611

E. E. 3611

28

411   E.E.3611

E.E. 3611

32

240

38

E. E. 3611

E. E. 3611

E. E. 3611

810

44

E. E. 3611

48

51

E. E. 3611

400

58

E. E. 3611

59

E. E. 361'

E. E. 3611

E. E. 3611

470

E. E. 3611

72

E. E. 3611

74

ritard. a tempo

ritard. a tempo

520

E.E 3611

E.E 3611

E. E. 3611

II

E. E. 3611

84

E.E. 3611

E. E. 3611

E.E. 3611

88

E. E. 3611

E. E. 3611

E. E. 3611

411

E. E. 3611

stringendo il tempo

410
Presto. 𝅗𝅥 = 116
Fl.
Ob.
Cl.
Fg.
(D)
Cor.
(B)
Tr.
(D)
Tbni.
Timp.
Vl.
Vla.
Vc.
Cb.
zu 2
ff
f
p

E. E. 3611

E. E. 3611

520

Scherzo (Pag. 82) da capo al ✦ (Pag. 112.)
e poi la Coda (Pag. 124.)

il tempo　　　　　　　　　　　　Presto.

E.E. 3611

III

Adagio molto e cantabile ♩=60

10

E. E. 3611

E.E.3611

Tempo I.

E.E.3611

134

Andante.

E.E. 3611

E.E. 3611

411

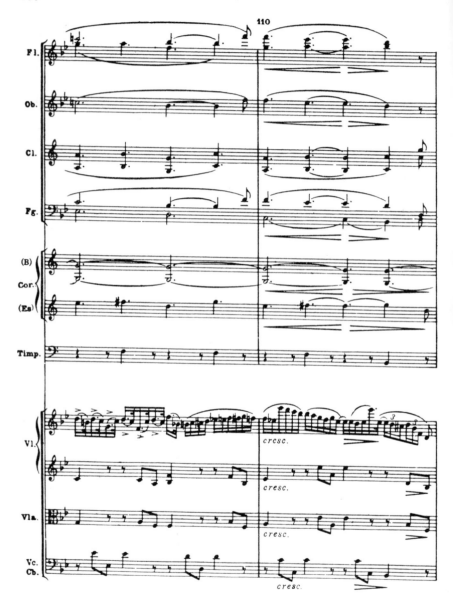

E.E.3611

E.E. 3611

E.E.3611

411

IV

Presto. (♩.=96)

f Selon le caractère d'un recitative, mais in tempo.

E.E. 3611

172

RECITATIVE

O Freun - - - de, nicht die - se To-ne!

178

E.E.3611

S.: _ wer's nie ge-konnt,der steh-le weinend sich aus die - sem Bund.

A.: _ wer's nie ge-konnt,der steh-le weinend sich aus die - sem Bund.

T.: _ wer's nie ge-konnt,der steh-le weinend sich aus die - sem Bund.

B.: _ wer's nie ge-konnt,der steh-le weinend sich aus die-sem Bund.

E.E.3611

E.E.3611

E.E.3611

80

Fl
Ob.
Cl
Fg.
Cfg
Cor. (D)
Tr. (D)
Timp
Vl
Vla
S.
A.
Chor
T.
B.
Vc
Cb.

ei - nen Freund, ge - pruft im Tod; Wol - - lust ward dem

ei - nen Freund, ge - pruft im Tod; Wol - - lust ward dem

ei - nen Freund, ge - pruft im Tod; Wol - - lust ward dem

ei - nen Freund, ge - pruft im Tod; Wol - - lust ward dem

sempre più f

sempre più f

sempre più f

RECITATIVE

Allegro assai vivace. (♩. = 84.)
Alla Marcia.

Flauto piccolo	
2 Flauti	
2 Oboi	
2 Clarinetti in B	
2 Fagotti	*pp*
Contrafagotto	*pp*
4 Corni in D / in B	
2 Trombe I tacet / II in B	
Timpani	
Triangolo	
Piatti	
Gran Cassa	*pp*
Violino I	
Violino II	
Viola	
Tenore Solo	
1. Tenore	CHOR
2. Tenore	
Basso	
Violoncello e Contrabasso	

E. E. 3611

202

E. E. 3611

212

E. E. 3611

220
Fl.
Ob.
Fg.
Cor. (D)
Tr. (D)
Timp
Vl.
Vla.
S.
um, wir be - tre - ten feu - er - trun - ken, Himm - li - sche, dein
A.
um, wir be - tre - ten feu - er - trun - ken, Himm - li - sche, dein
T.
um, wir be - tre - ten feu - er - trun - ken, Himm - li - sche, dein
B.
um, wir be - tre - ten feu - er - trun - ken, Himm - li - sche, dein
sf
Vc. e Cb.

216

218

teilt; al - - le Men - schen wer - den Brü - der, wo dein

E. E. 3611

S.: sanf-ter Flü - gel weilt.

A.: sanf-ter Flü - gel weilt.

T.: sanf-ter Flü - gel weilt.

B.: sanf-ter Flü - gel weilt.

E. E. 3611

228

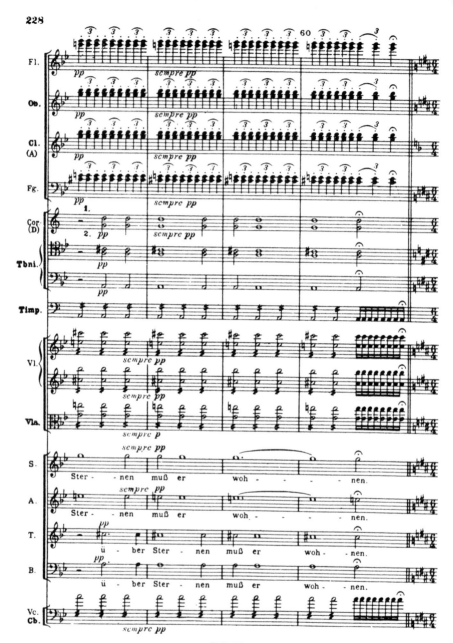

E. E. 3611

Allegro energico, sempre ben marcato. (♩ = 84)

E. E. 3611

E. E. 3611

40
Fl.
Ob.
Cl.
Fg.
Cfg.
Cor.
(D)
Tr.
(D)
Tbni.
Timp
Vl.
Vla.
S.
gan - zen Welt! Freu - de, schö - ner Göt - ter-fun - ken,
A.
Seid um - schlun - gen,
T.
B.
gan - zen Welt! Freu - de!
Vc.
Cb.

240

E. E. 3611

246

E.E.3611

Poco allegro, stringendo il tempo, sempre più allegro.

E. E. 3611

E E. 3611

E. E. 3611

E. E. 3611

284